So geht es:

Ich zeige dir hier, wie du mit dem Heft arbeiten kannst.

Hellgraue Schrift bedeutet immer: nachspuren.

Der Punkt im Buchstaben zeigt dir, wo du mit dem Stift ansetzen sollst.

Die Pfeile an den Buchstaben zeigen dir, in welche Richtung es geht. Der erste Pfeil hat immer einen Punkt.

Vieles kannst du so oder so schreiben. Probiere aus, wie es für dich am besten ist.

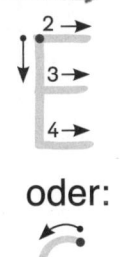

oder:

Dieses Zeichen bedeutet: Umkreise dein Schönstes!

Das kann ich schon:

A	B	C	D
E Ε	F	G G	H
I	J	K	L
M	N	O	P
Qu	R	S	T
U	V	W	X
Y	Z	Ei Ei	Eu Eu

a	b	c	d
e	f	g g	h
i	j	k k	l l
m	n	o	p
qu	r	s	t
u	v v	w w	x
y	z	ei ei	au au

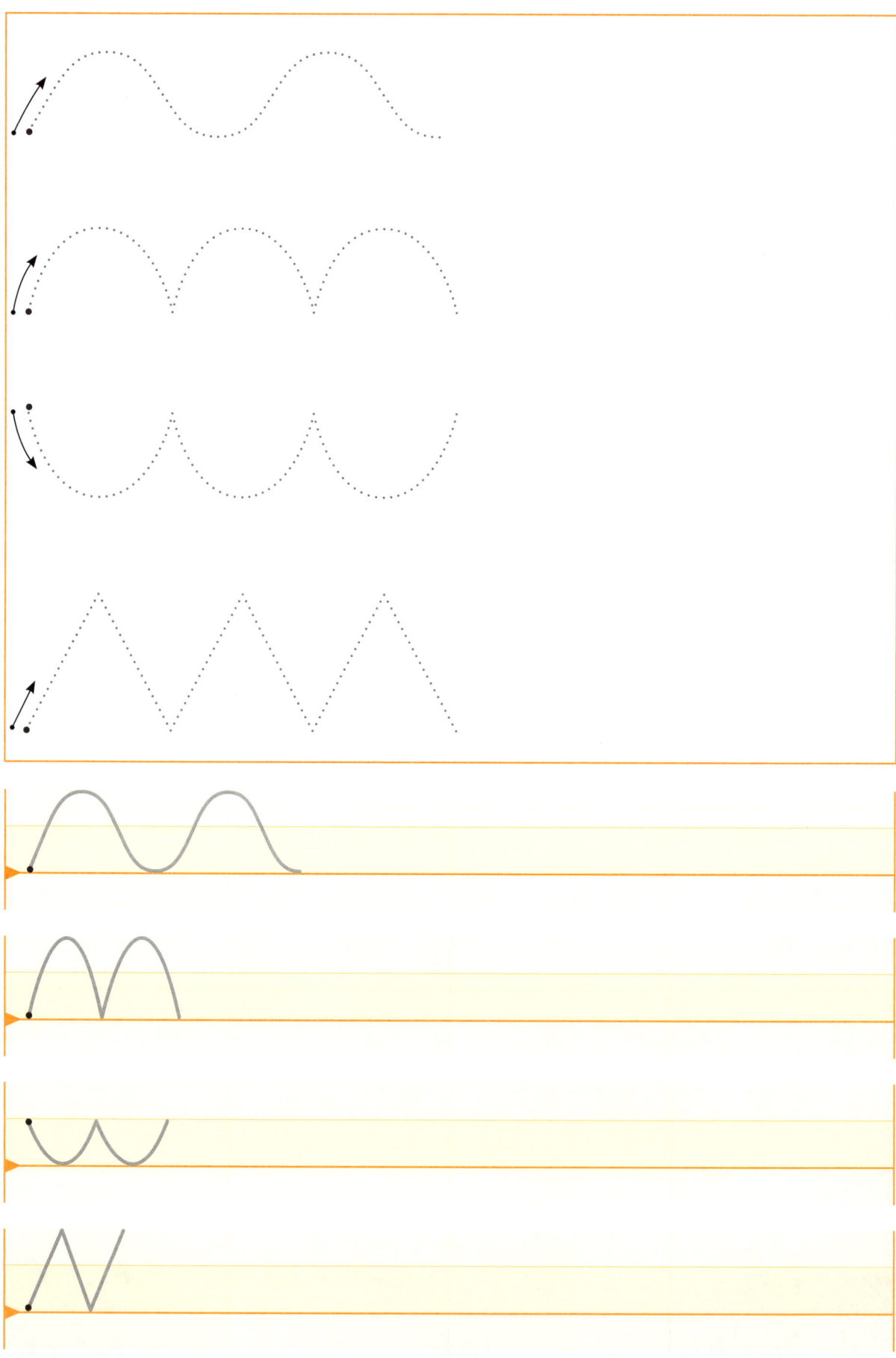

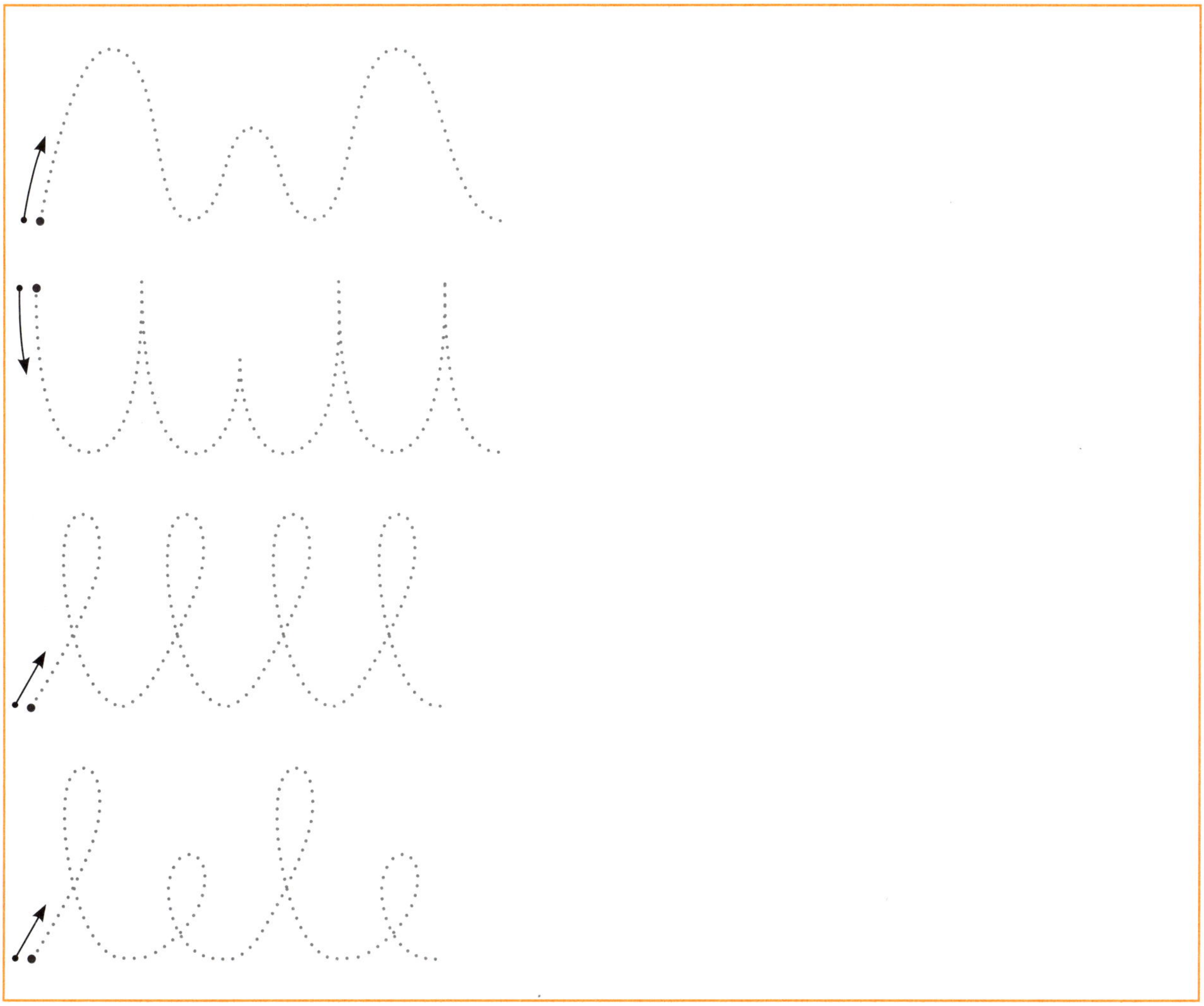

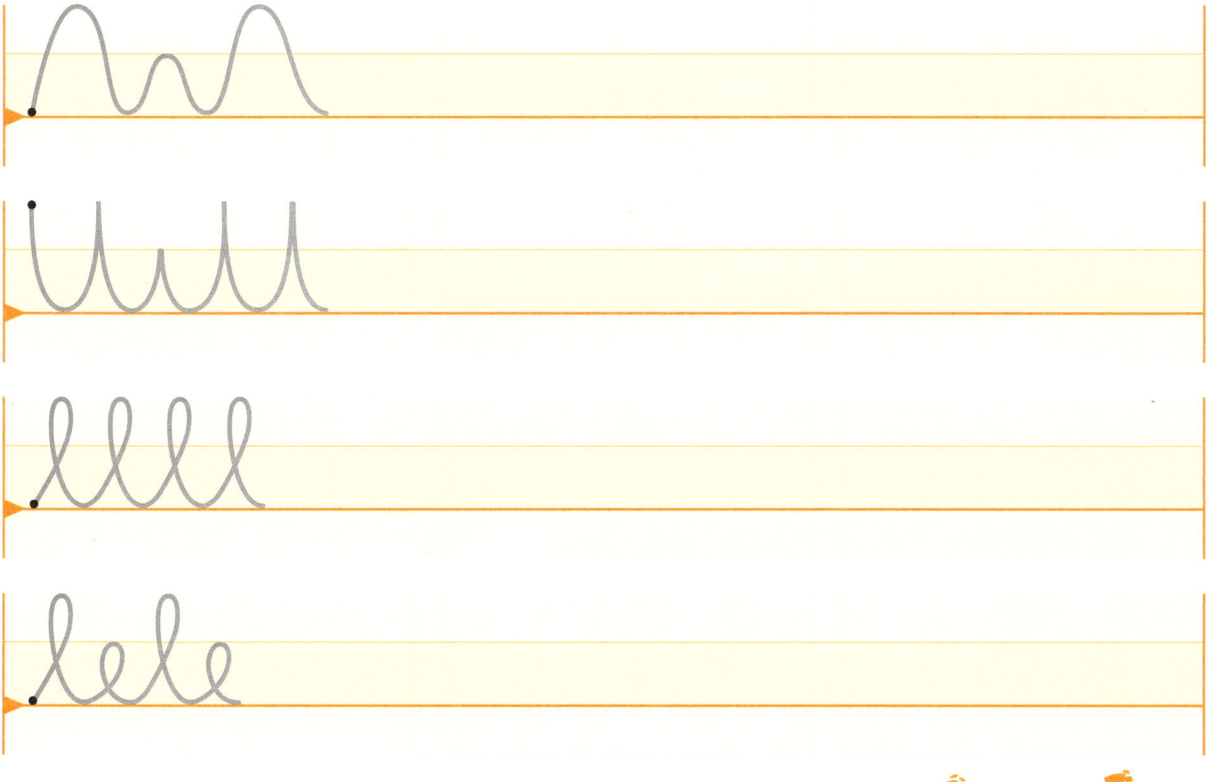

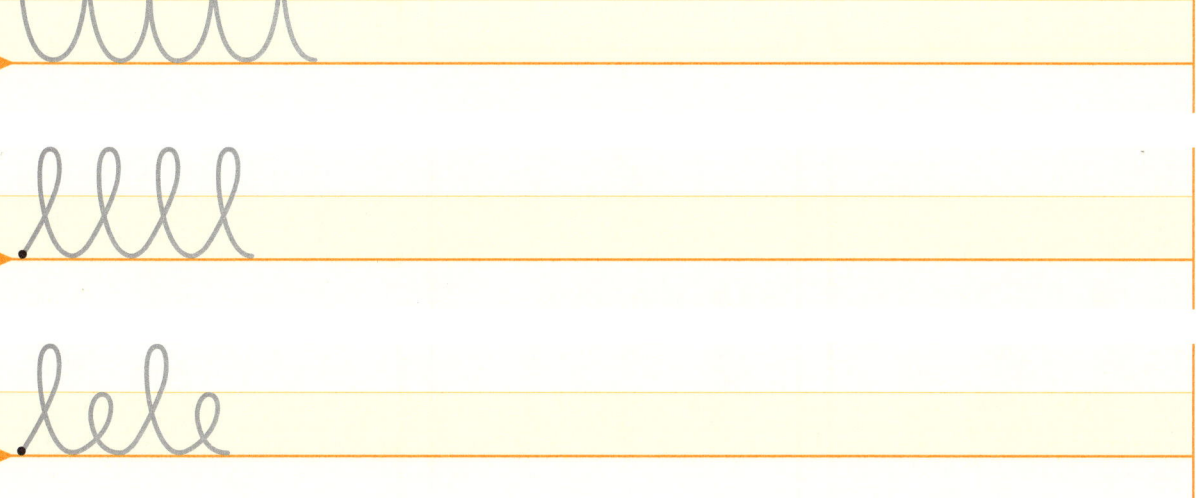

Diese Buchstaben sind sich ähnlich:

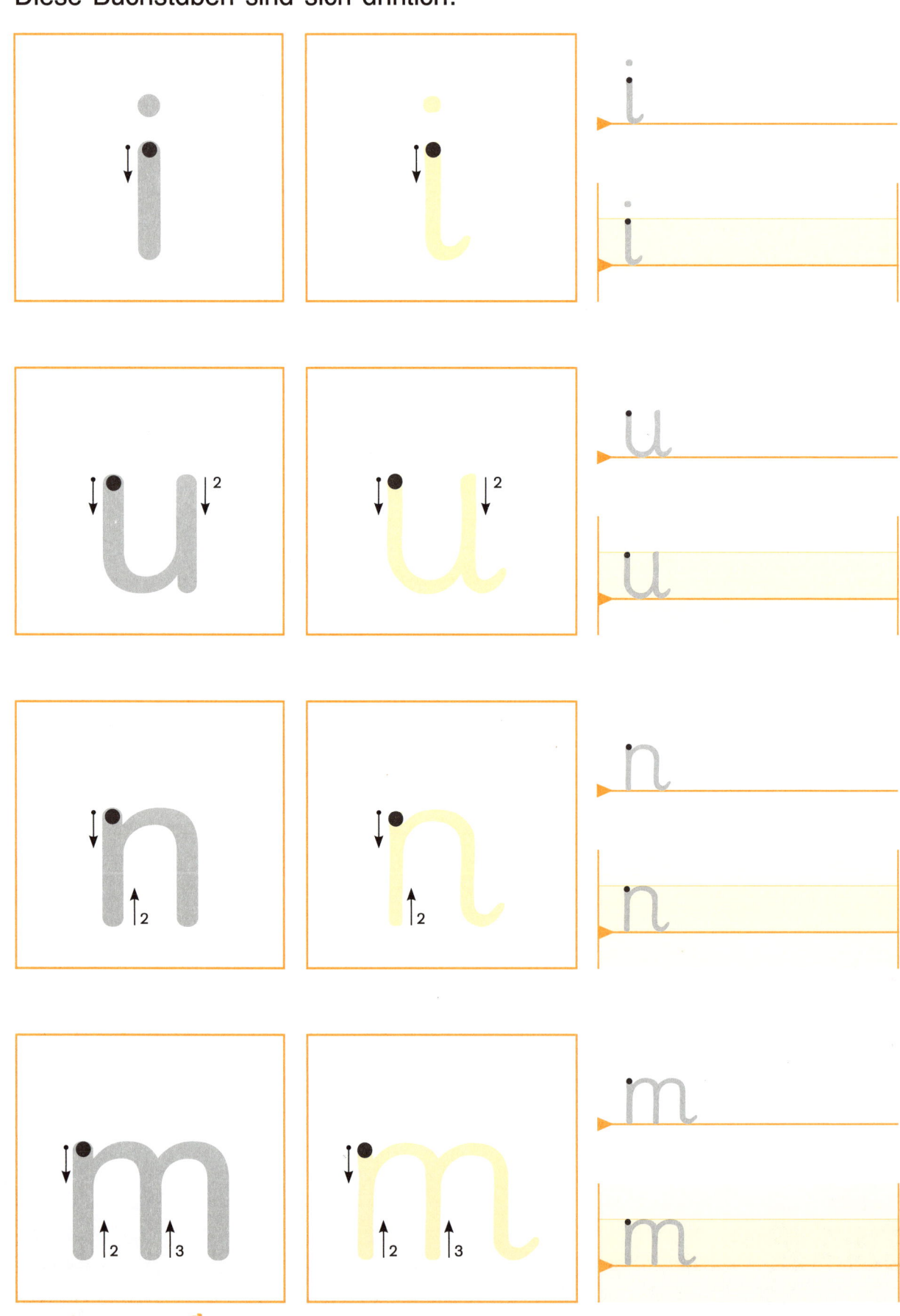

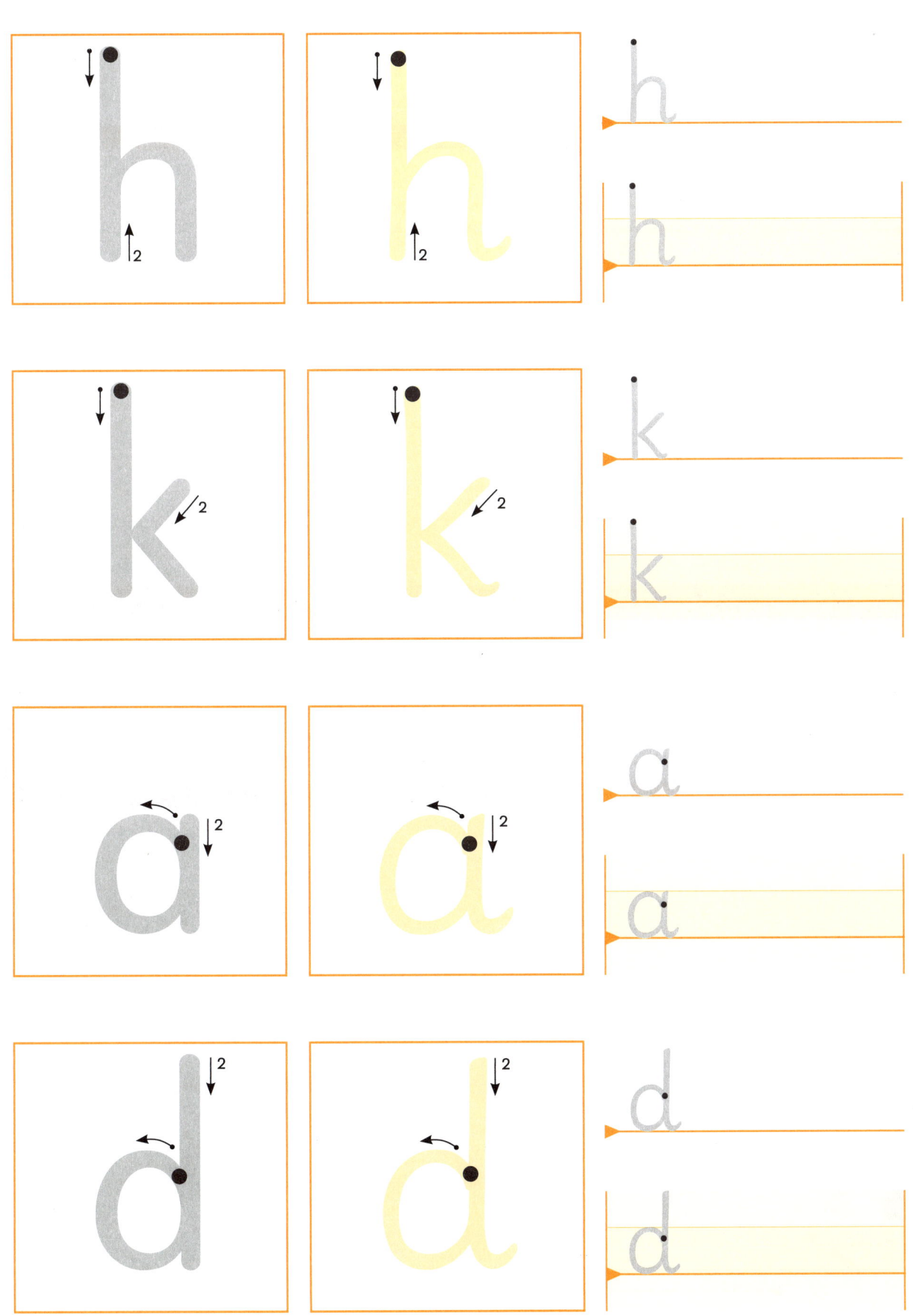

ei ei

ei ei

ei ei

klein klein

Seife Seife

eu eu

eu eu

eu eu

neu neu

neun neun

B tel B tel

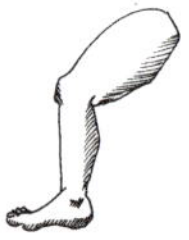

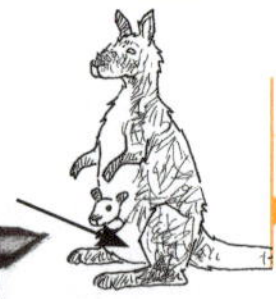

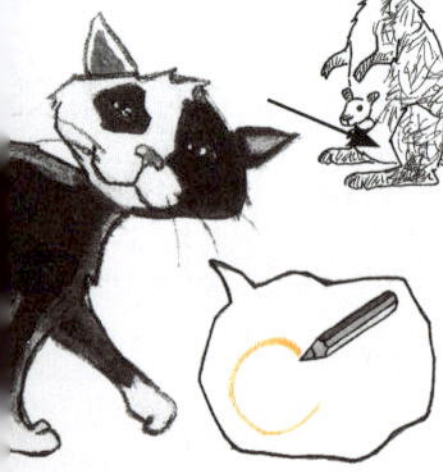

ei eu

ie ie ie ie

ie ie

Wiese Wiese

Tier Tier

eins

zwei

sieben

reich

weich

riesig

vier Briefe

le le le le

le le
Schule Schule
leise leise

te te te te

te te
heute heute
Tante Tante

le te

ei eu ie le li lu te ti lu

ie

hier — hier

heiß — heiß

lieb — lieb

tief — tief

eine teure Kette

viele kleine Leute

die bunte Blume

Sei fein leise!

ne ne   ne
         ne

ne   ne
nein   nein
Tonne   Tonne

me me   me
         me

me   me
Name   Name
Himmel   Himmel

ne me

he he | he | he

he he

hell hell

Zehe Zehe

eine Biene eine Biene

meine Familie

eine kleine Weile

Lies eine Zeile!

el　el

dunkel　dunkel

elf　elf

en　en

bleiben　bleiben

Boden　Boden

el en

 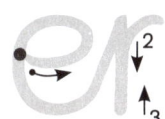

er

er

er

er

Bruder

Bruder

Vater

Vater

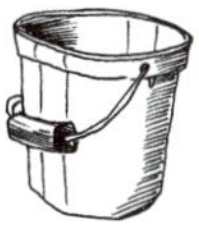

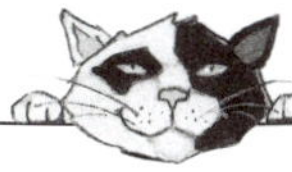

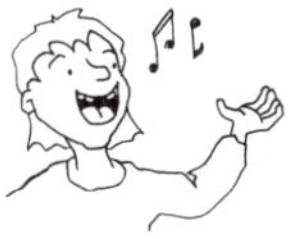

singen — der Sänger

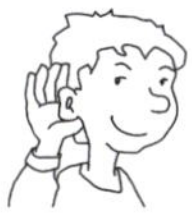

hören — der H

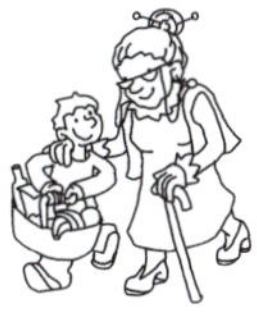

helfen — der H

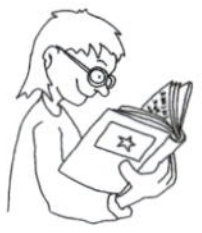

l — der L

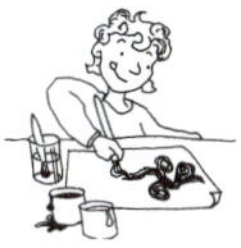

m — der M

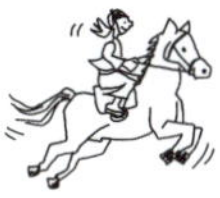

r — der R

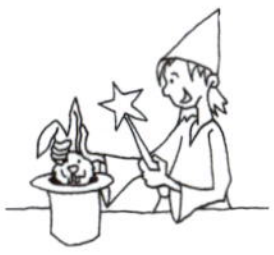

z — der Z

el il ll   en er   il

ll

 schreiben

 kneten

 kaufen

Tafel

Lena will an die   schreiben.

Apfel

Tim will einen  kneten.

Hamster

Jonas will einen  kaufen.

Vogel

Tinto will einen  fangen.

au au au

au au
blau blau
faul faul

du du du

du du
dunkel dunkel
dünn dünn
dumm dumm

au du

ge ge ge ge

ge ge
gelb gelb
gehen gehen
geben geben

gu gu gu gu

gu gu
gut gut
August August
günstig günstig

ge gu

au   du   di   de   da   ge   gu

ein blaues Auge

ein riesiger Baum

eine dicke Maus

der   die   das

der   die   das

an　　　　　　　　an
am　　　　　　　　am

an　　　　　　　　an

am　　　　　　　　am

dann　　　　　　　dann

in　　　　　　　　in
im　　　　　　　　im

in　　　　　　　　in

im　　　　　　　　im

mein　　　　　　　mein

immer　　　　　　immer

an in

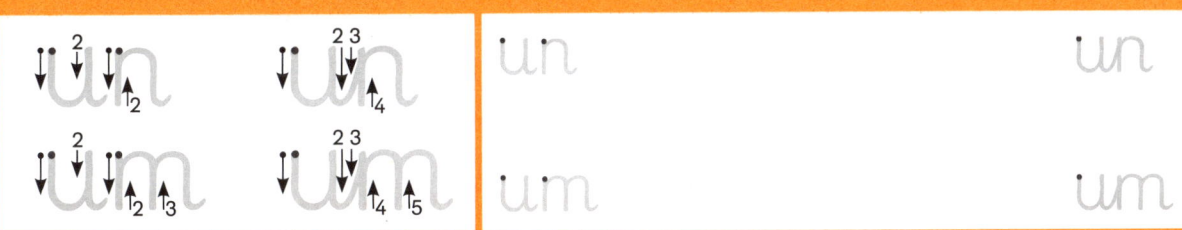

un un

um um

un un

um um

rund rund

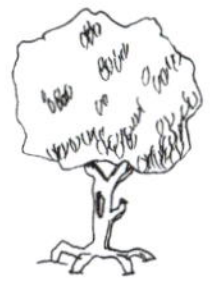

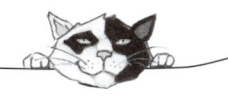

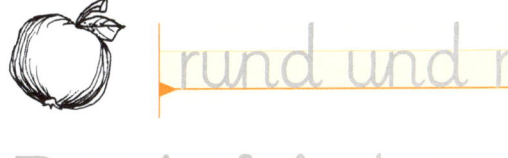

rund und rot

Der Apfel ist .

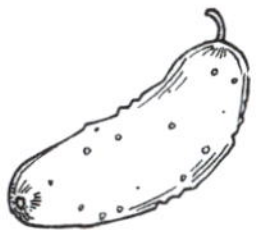

lang und grün

Die Gurke ist .

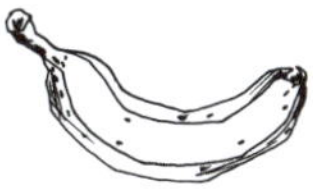

krumm und gelb

Die Banane ist .

an am ar　in im un um　mm nn

Ton / Tan – ne → Tonne

Spin / Scheu – ne

Hän / Hun – de

Tim kauft neun bunte Blumen.

Jonas sieht eine winzige Spinne.

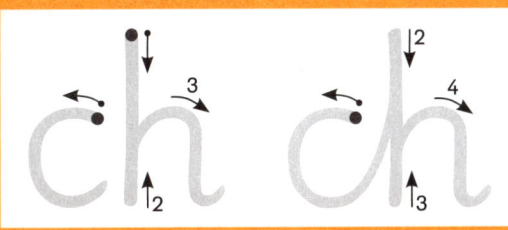

ch ch

ich ich

Licht Licht

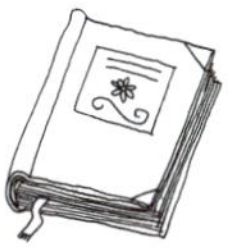

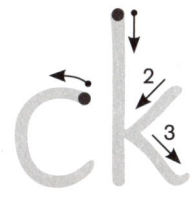

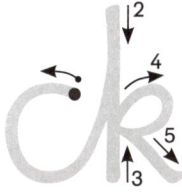

ck ck

dick dick

Hecke Hecke

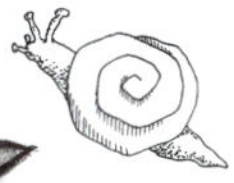

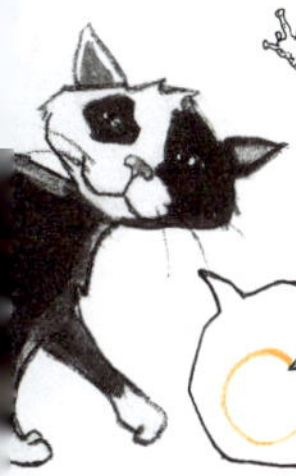

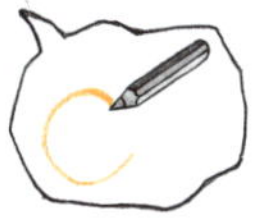

ch ck

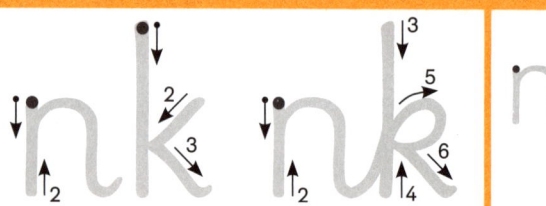

nk nk

winken krank

denken denken

danken danken

trinken trinken

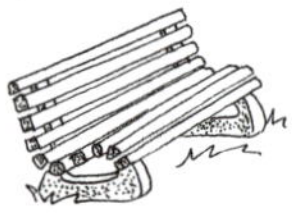

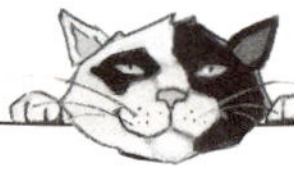

krank Dach Rock

Schra fla Sto

Da wa Blo

Za Kra Bo

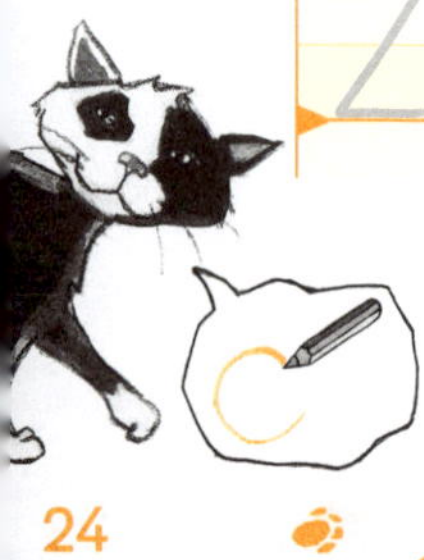

nk

ch sch ck nk   sch

nicht   nicht

mich   mich

durch   durch

auch   auch

schön   schön

schnell   schnell

Lena malt sechs   . (Dackel)

Tim deckt den   . (Tisch)

Fatma sammelt   . (Muscheln)

v u

v u

vor vor

viel viel

voll voll

w w

w w

wie wie

wer wer

wo wo

v w

v va vi ve   w wo wa wi wu we

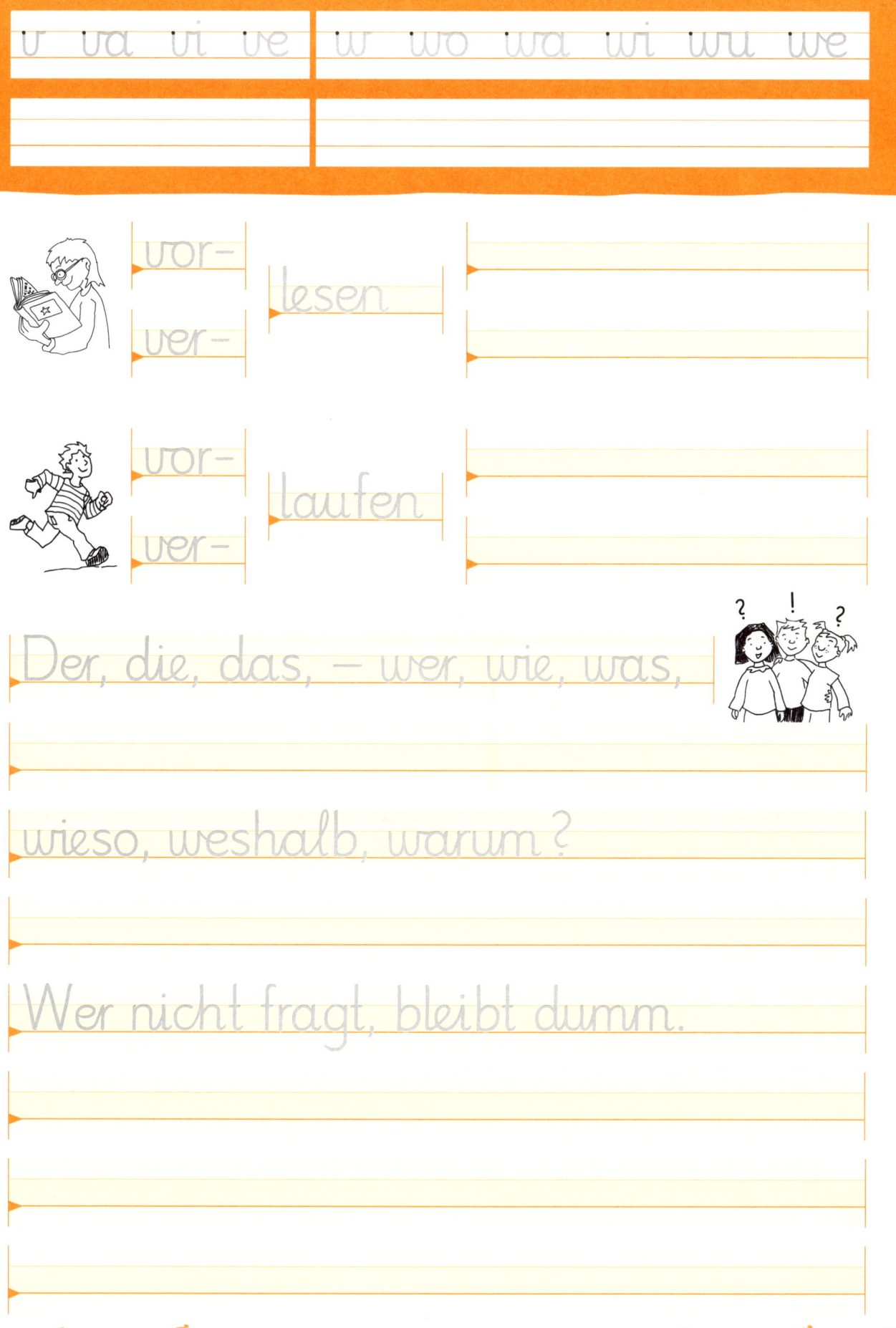

vor-
ver-
lesen

vor-
ver-
laufen

Der, die, das, – wer, wie, was,

wieso, weshalb, warum?

Wer nicht fragt, bleibt dumm.

Ei

Ende

Eltern

Ei

Eier

Eimer

E Ei

Eu Eu Eu Eu

Eu Eu
Eule Eule
Euro Euro

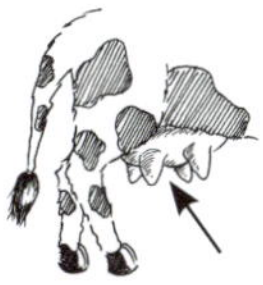

G G G G

G G
Garten Garten
Gras Gras

Eu G

E Ei Eu G Ge Ga Gu Gi

Da fährt eine alte  Eisenbahn .

Ich bekomme ein tolles  Geschenk .

Ich ess nicht Essig!

Ess ich Essig,

ess ich Essig im Salat.

Gärtner Gustav gräbt im Garten.

Sprich schnell!

 Was reimt sich?

ß ße ße uß uß

▶ Gruß　　▶ F

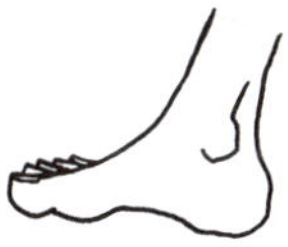

▶ groß　　▶ Fl

Du schreibst mir einen Gruß.

Ich steh auf einem 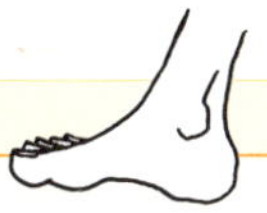  .

Der Riese ist sehr groß .

Wir bauen uns ein  .

Ich grüße dich und deine Füße.

Diese Buchstaben gehen in den Keller.

j j g g p qu ß G

jagen jagen jagen

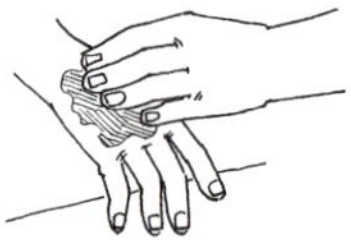

Wie schreibst du? Probiere es aus.

pflegen pflegen pflegen

quatschen quatschen

Quallen plappern und quietschen nicht.

Über Jogurt jubelt jeder Junge.

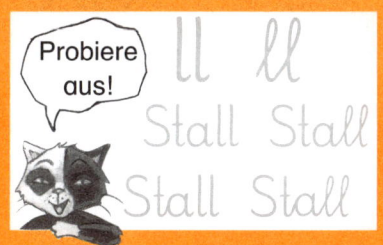

Probiere aus!

ll ll
Stall Stall
Stall Stall

mm mm
Stamm Stamm
Stamm Stamm

tt tt tt
nett nett
nett nett

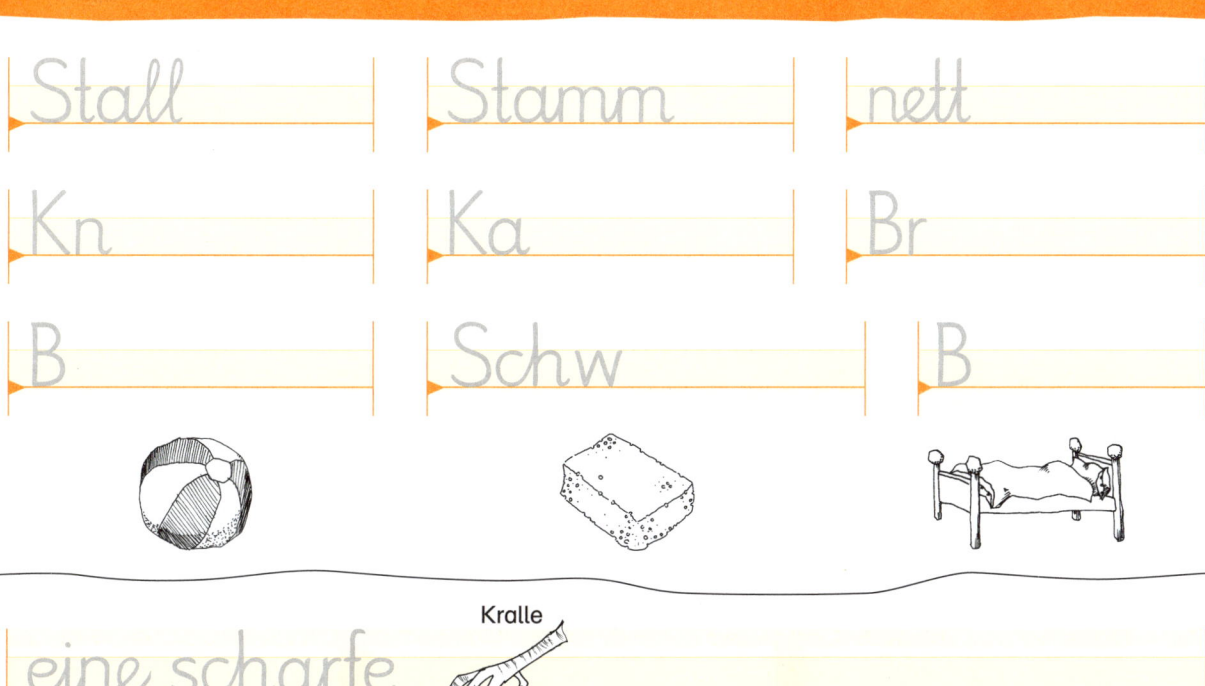

Stall | Stamm | nett

Kn | Ka | Br

B | Schw | B

eine scharfe

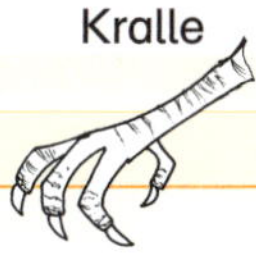

Kralle

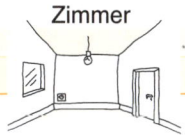

ein leeres

Zimmer

ein netter

Mann

ein wichtiger

Zettel
Milch
Butter
Eier

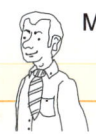

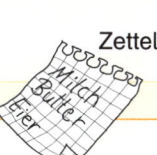

ah ah	 eh eh	uh uh
nah nah nah	mehr mehr mehr	Stuhl Stuhl Stuhl

Bahn

Hahn

drehen

gehen

Ruhe

Truhe

Wir fahren sehr früh mit der Bahn.

 ak ak — Paket Paket Paket | nk nk dunkel dunkel | ck ck zurück zurück

Haken

Laken

denken

schenken

dick

Blick

Oh Schreck! Wir sinken ein Stück!

Ich sehe eine Brücke.

Wand gehört zu Wände. Also mit d.

de der der ge ge

viele Wände | eine Wand
viele Hände | eine
viele Strände | ein

Winde
viele | der

Kinder
drei | das

Bilder
zwei | das

Schilder
fünf | das

Berg gehört zu Berge. Also mit g.

drei Berge | der B

Zwerge
drei | der

Lebt gehört zu leben. Also mit b.

ben ben gen gen

leben — er lebt

kleben

er

heben

sie

Siegt gehört zu siegen. Also mit g.

siegen — sie siegt

wiegen

er

liegen

sie

Wir sagen, wir fragen, wir geben.
Wir siegen, wir lieben, wir leben!

Probiere aus!

chen chen chen schen schen schen ck ck ck

su — chen suchen
la — chen

rie — chen
krie — chen

wün — schen
mi — schen

lecken   locken   spicken

Dicke Schnecken kriechen zwischen dicken Stecken.

Im Herbst verstecke ich Nüsse.
Im Winter schlafe ich im Kobel.
Manchmal werde ich wach.
Dann suche ich hungrig Nüsse. Wer bin ich?

Ich habe große Ohren.
Mein Rüssel ist lang.
Ich habe zwei Stoßzähne. Wer bin ich?

Zehn Ziegen zogen zehn Zentner Zucker zum Zoo.

Hinter Hermann Hansens Haus
hängen hundert Hemden raus.

Blaukraut bleibt Blaukraut
und Brautkleid bleibt Brautkleid.

Sprich schnell!

Lieblingswörter:

Ich liebe schöne Wörter,
ich fange sie ein
und schreibe sie auf.
Jetzt gehören sie mir.

Schreibe Lieblingswörter auf:

Pferd

Zirkus

Roboter